LA SUERTE DE HABER NACIDO
EN NUESTRO TIEMPO

FABRICE HADJADJ

LA SUERTE
DE HABER NACIDO
EN NUESTRO TIEMPO

Cuarta edición

EDICIONES RIALP
MADRID

Título original: *L'aubaine d'être né en ce temps*

© 2015 *by* Éditions de l'Emmanuel; 89, Bd Auguste
Blanqui – 75013 París (Francia);
ISBN: 978-2-35389-482-6
© 2024 de la versión española de GLORIA ESTEBAN,
by EDICIONES RIALP, S. A.,
Manuel Uribe 13-15. 28033 Madrid
www.rialp.com

Preimpresión: MT Color & Diseño, S. L.

ISBN: 978-84-321-6643-3
Depósito legal: M-33707-2023

Impreso en España   *Printed in Spain*
Anzos, S. L. - Fuenlabrada (Madrid)

Índice

II

Los signos de los tiempos:
para un apostolado del apocalipsis 33

Prólogo
Acerca de esa suerte

Este texto recoge una conferencia pronunciada en respuesta a la invitación del cardenal Stanislas Rylko para inaugurar el III Congreso Mundial de los Movimientos Eclesiales y las Nuevas Comunidades. El tema aparecía explícito en un título un tanto denso que encadenaba —como es costumbre— varias citas del papa Francisco: «La conversión misionera: salir de uno mismo para dejarse interpelar por los signos de los tiempos. Un mundo en transformación reclama a toda la Iglesia». El evento tuvo lugar en Roma el jueves 20 de noviembre de 2014. Luego hubo dos acontecimientos —los atentados islamistas de enero y la publicación de la encíclica *Laudato si'*— que, dada la situación del momento, me llevaron a ampliar mis observaciones.

Sobra decir que jamás habría tenido la osadía de abordar estas cuestiones si la petición no hubiera procedido de lo más alto. Mi atrevimiento es fruto de la obediencia y mi arranque de la fidelidad (he de confesar aquí mi particular devoción al apóstol Pedro: allí donde me encuentro con una escultura suya, beso su sandalia de bronce). No obstante, si en una u otra ocasión alguna de mis reflexiones resulta desafortunada o "discordante" —como dice el Magisterio—, la culpa es solo mía y de mi falta de sometimiento a ese Espíritu que nos hace ligeros en la gravedad, nítidos en el misterio, cómicos en lo trágico

Por otro lado, nunca habría publicado este texto de no ser a petición de Louis-Étienne de Labarthe —que se encontraba entre el público el día de la conferencia— y de ese vigoroso relector que es Gabriel Morin (aprovecho para recordar que etimológicamente "relector" equivale a "religioso"): de no ser por ellos habría considerado mi discurso destinado —por decirlo así— a una confidencialidad "mundial". Por una parte, lo escribí en respuesta a una petición concreta dentro de un contexto concreto, lo que no podía sino llevarme a pronunciarlo sin otras pretensiones; por otra, el público estaba compuesto de fundadores o miembros de comunidades extendidas por todo el mundo —desde la India a Canadá, pasando por Alemania y Brasil—, de modo que, a mi entender, si se publicaba en un ámbito exclusivamente francés adolecería de graves carencias, ya que no trataría más que de pasada problemas específicamente franceses (y sobre todo el del "laicismo"). No obstante, la opinión de los dos editores arriba citados —confío en que movidos más por afán de servicio que por inconsciencia— era otra, y por eso les doy las gracias.

Por último, debo precisar que, aunque el título que aparece en la portada de este libro no es mío[1], así lo he recibido: como una suerte, como una «fortuna inesperada». Ya que no tengo por costumbre lanzar a la cara del lector palabras sobre cuyo significado no haya reflexionado previamente al menos un poco, aprovecho estas últimas líneas introductorias para hacerlo.

En este caso *aubain* no procede del término latino *albus,* "blanco", de donde toma su nombre el "alba", sino más probablemente de *alibi natus,* es decir, "nacido en otra parte, en el extranjero". El *aubain* es, de alguna manera, un *alien.* Su forma femenina, *aubaine,* hace alusión a una figura del Derecho sucesorio que se aplicaba al extranjero.

---

[1] El título del libro en francés es *L'aubaine d'être né en notre temps:* las reflexiones que siguen giran en torno al término *aubaine* contenido en él (N. de la T.).

En virtud del *droit d'aubaine*[2], el soberano se apropiaba de la herencia del extranjero no naturalizado que fallecía en sus Estados. De ahí el sentido figurado y familiar del término *aubaine*[3]: una "fortuna inesperada", una "herencia intestada" llovida del cielo a raíz de la muerte de algún forastero llegado de lejos.

Esto nos puede hacer pensar en el misterio de la Encarnación: el Verbo hecho carne vive y muere en medio de nosotros y de repente, sin ningún mérito por nuestra parte, resulta que heredamos su vida eterna para bien y para mal, porque allí donde hay una herencia pueden darse la discordia y el despilfarro.

Por lo que se refiere al tema que nos ocupa, en mi opinión esa "fortuna o herencia inesperada" puede entenderse de dos maneras. Si nos atenemos a la carta a los hebreos, los cristianos «no tienen aquí ciudad permanente» (cf. *Hb* 13, 14): son siempre «peregrinos y forasteros» y, por lo tanto, extranjeros «en la tierra» (*Hb* 11, 13; *1P* 2, 11). Todo lo que

---

[2] En español "derecho de albinagio" o "derecho de aubana". Ninguno de los dos términos se conserva hoy (N. de la T.).

[3] Una traducción más exacta del término —recogida en el título en español— es "suerte", o bien —con el sentido familiar o coloquial a que se refiere el autor— "chollo" o "bicoca" (N. de la T.).

hacen, todo lo que dejan en este mundo pasa a ser automáticamente objeto de un "derecho de aubana" ejercido por los poderes de este mundo, que se incautan de ello, hacen parodia del paraíso, ridiculizan lo santo y recurren a la compasión para ponerla al servicio de sus intrigas. De este modo, a los cristianos se les compara con «anticristos» salidos «de entre ellos» (cf. 1*Jn* 2, 19); de este modo, en nombre del amor, de la libertad o del espíritu, hoy en día se emprenden procesos de devastación sin precedentes, que extraen toda su energía de una fuente distorsionada y encubierta. Y esa distorsión culmina en «la hora en la que todo el que os dé muerte pensará que hace un servicio a Dios» (*Jn* 16, 2). Una Hora que, vista humanamente, ofrece motivos para hacernos perder la esperanza.

No obstante, detrás de ese derecho de aubana ejercido por la malicia de pequeños o grandes, existe otro superior o más profundo que corresponde al Eterno, al verdadero Soberano al que todo acaba retornando. En efecto, hay que conservar la esperanza, porque el misterio de la Cruz —y de la fecundidad de Israel en Egipto («cuanto más los oprimían, más se multiplicaban y propagaban», *Ex* 1, 12)— consiste en que todo expolio malévolo no es sino una bendición «para los hijos y también herederos: herederos de Dios, coherederos de Cristo, con tal de que padezcamos con él, para ser con él también glorificados» (*Rm* 8, 17). Cuanto mayor es la persecución, mayor puede ser el testimonio. Cuanto mayor es la miseria, con mayor fuerza resuena la hora de la misericordia. Hemos de recordar las palabras de Pablo a los corintios respecto al «lenguaje de la Cruz»: «Que nadie se gloríe en los hombres; porque todas las cosas son vuestras: ya sea Pablo o Apolo o Cefas; ya sea el mundo, la vida o la muerte; ya sea lo presente o lo futuro; todas las cosas son vuestras, vosotros sois de Cristo, y Cristo de Dios» (1*Co* 3, 21-23).

Esta es la suerte de haber nacido en estos tiempos difíciles: porque si la palabra «apocalipsis» hablaba de la revelación en la catástrofe, la palabra *aubaine* habla de una fortuna inesperada cuando peores son los pronósticos.

Montsvoirons, 15 de agosto de 2015
Solemnidad de la Asunción de Nuestra Señora

I

Sobre la misión católica y lo que la distingue de cualquier propaganda ideológica

¿Es lo mismo volverse hacia Dios, pertenecer a su Iglesia, que adherirse a un partido? ¿Son la conversión y la misión cristianas solamente una forma más de adhesión y militancia partidistas? Es esta una cuestión que conviene plantearse de antemano y sin prejuicios.

Cuando te adhieres a un partido, te adhieres en primer lugar a una doctrina o a un grupo; a continuación haces propaganda de ellos y procuras incorporar al mayor número posible de personas y transformar el mundo de acuerdo con los valores de tu grupo. Puede que la expansión de la Iglesia se haya concebido sobre este modelo, que es el de cualquier empresa que aspira a la universalidad: una parte quiere transformar el todo. Unos lo compararán con un cáncer que desarrolla sus metástasis; otros con una turbina que abastece de electricidad a una población.

El problema es que se trata de un modelo mundano: convierte la misión de la Iglesia en algo que no solamente *está en* el mundo, sino que *es del* mundo. Induce a pensar que la evangelización se lleva a cabo ante todo recurriendo a medios mundanos, cambiando Coca-Cola® por Jesucristo®. Y entonces se actúa como lo haría cualquier otra empresa, aunque en desventaja, porque «los hijos de este mundo son más sagaces en lo suyo que los hijos de la luz»[4]. No importa. Siempre encontraréis un profesor de teología pastoral que os explique: «Si san Pablo viviera hoy, no cabe duda de que utilizaría Internet y Facebook para difundir su mensaje». De acuerdo. Hay que transformar el signo de la Cruz en almohadilla (es decir, en *hashtag*). Pero ¿es eso lo más importante? ¿Es el Evangelio ante todo un "mensaje" que transmitir?

Antes de abordar cómo nos interpelan los signos de los tiempos, me gustaría detenerme un poco en este tema y examinar en qué se diferencia la misión del cristiano de la mera propaganda militante, centrándome en cinco aspectos que las hacen radicalmente distintas.

---

[4] *Lc* 16, 8.

1. *Adherirse a algo y volverse hacia alguien*

Volverse hacia Cristo es ante todo volverse hacia *alguien*; adherirse a un partido es adherirse a *algo*. Algo, una doctrina, un mensaje, se pueden entender: se pueden tener en la cabeza y pueden volcarse (como en este caso) sobre el papel. A alguien, sin embargo, nunca se le llega a entender del todo, aunque sea una persona humana. La vida conyugal nos proporciona una prueba empírica de ello (por eso la Biblia recurre tantas veces a esta imagen): por mucho que el esposo comprenda a la esposa, nunca logrará entenderla del todo. Esa misma prueba la hallamos también en la vida familiar: el hijo se le "escapa" al padre al menos tanto como el padre se le "escapa" al hijo, sin que por ello lo que a veces puede ser un diálogo de sordos en el ámbito de las ideas impida un profundo vínculo entre las personas.

Por lo tanto, la palabra cristiana no consiste ante todo en decir *algo sobre algo*, sino en hablar *de alguien a alguien*. Es llamar y ser llamado por el nombre propio antes que explicar o imponer con nombres comunes. Es un vocativo antes que un acusativo. Es un "sígueme" antes que un "esto es lo que eres" o "esto es lo que hay que hacer".

No cabe duda de que esa es la razón por la que en el Reino las prostitutas preceden a los fariseos (*Mt* 21, 31). Las prostitutas al menos dicen "sígueme"; los escribas y los doctores, sin embargo, se limitan a decir: "Esta es la ley a la que hay que someterse". El "sígueme" de la prostituta es indiscutiblemente perverso, mientras que la ley de los escribas es recta: también conduce a *algo* (una especie de transacción entre vendedor y cliente), pero su superioridad reside en que comienza por una llamada corporal *de alguien a alguien*. Evidentemente, la ley es necesaria, pero no es suficiente ni es lo primero porque es impersonal, mientras que la llamada es personal.

De ello cabe deducir que la evangelización concierne antes a la *comunión* que a la *comunicación*. Un *algo* se comunica, mientras que con *alguien* se está en comunión. Cristo no es una marca de la que se hace publicidad: es una persona que sale a nuestro encuentro, con todo lo inesperado y todo lo imprevisible que conlleva el encuentro.

2. *Uno entre los otros*
y uno para todos los otros

Cristo es Dios. No es *un alguien cualquiera distinto de otro alguien:* es *el alguien entre los alguien*; no solo el más incomprensible, sino el que comprende a todos.

Por eso *la conversión es en sí misma misionera*: al volvernos hacia Jesús, nos vuelve necesariamente hacia todos los otros. Imagina que debes hacer el elogio de Miguel Ángel en su faceta de escultor: para ello tendrás que elogiar también y sobre todo sus esculturas. Cuando te vuelves hacia un artista como artista, no tienes más remedio que volverte al mismo tiempo hacia sus obras de arte. Cuando te vuelves hacia Dios como Creador, no tienes más remedio que volverte al mismo tiempo hacia las criaturas. Y cuando te vuelves hacia Dios como Redentor, no tienes más remedio que volverte al mismo tiempo hacia los pecadores; y, en este caso, no nos deben interesar únicamente las esculturas más bellas, sino también y principalmente los bloques de piedra mal desbastados, los montones de guijarros, las arenas movedizas

La historia de Moisés es buena muestra de ello. La célebre Revelación del Nombre divino recogida en Éxodo 3, 14 no se produce en medio de una clase de teología. Tampoco se produce durante un éxtasis privado. Tiene lugar en el seno mismo de la misión de Moisés: «Moisés replicó [a Dios]: "Cuando me acerque a los hijos de Israel y les diga: 'El Dios de vuestros padres me envía a vosotros', y me pregunten cuál es su nombre, ¿qué he de decirles?". Y le dijo Dios a Moisés: "Yo soy el que soy". Y añadió: "Así dirás a los hijos de Israel: 'Yo soy' me ha enviado a vosotros"» (*Ex* 3, 13-14). Dios se revela a Moisés en su envío, y en su envío a los mismos que le hicieron huir a Madián.

Cuanto más te acercas al centro, más se te envía a la periferia. La señal de que tu conversión es al Dios de la misericordia y no a un ídolo agobiante consiste en que esa conversión contiene en sí misma la misión hacia los más pobres y miserables (tanto en lo espiritual como en lo material) no solo por inclusión de la causa segunda en la causa primera, es decir, por inclusión del más débil en el Todopoderoso, sino también, en virtud de la obra salvadora de ese Creador, por inclusión del más débil en el Todopoderoso, del que está más perdido en el Salvador («No tienen necesidad de médico los sanos, sino los enfermos. Id y aprended qué sentido tiene: *Misericordia quiero y no sacrificio*; porque no he venido a llamar a los justos sino a los pecadores», *Mt* 9, 12-13).

Cuando se trata de un ídolo, la conversión es una fascinación que separa de determinadas criaturas. Cuando se trata de un partido, el tiempo de la propaganda es distinto del tiempo de la adhesión: se pasa de la teoría a la práctica y se intenta reducir lo real al propio ideal; o bien se pasa de un grupo pequeño a un grupo mayor y se hacen esfuerzos por reconducir a la humanidad a ciertos criterios de admisión. La misión, sin embargo, no es la aplicación de una ciencia ni la expansión de una secta. Lo que es externo a la secta le es externo y, por lo tanto, hay que ignorarlo, suprimirlo o absorberlo. Lo que es externo a la Iglesia le es también interno, porque lo externo a la Iglesia ha sido creado por la propia cabeza de la Iglesia. El ateo también es una palabra de Dios: no por lo que afirma, sino por lo que es; el hermano musulmán también es hermano de Cristo, no por lo que cree, sino por lo que cree el cristiano. Por otra parte, en un orden más positivo y superior existe un misterio externo y, al mismo tiempo, intrínseco a la Iglesia: el misterio de Israel, tal y como lo recoge el capítulo XI de la Carta a los romanos. Los judíos *apartados,* con su fiel infidelidad, desempeñan un papel hasta el fin de los tiempos: el de impedir que la Iglesia militante en la tierra se encierre en sí misma y se convierta en una instancia totalitaria.

De ahí que toda la expansión de la Iglesia sea ante todo una escucha: no una escucha psicológica como la de los asistentes sociales o la de los malos samaritanos que, en lugar de buscar las heridas y sanarlas, se conforman con acariciarlas y hablar de ellas. Se trata de escuchar a Cristo que está actuando ya en cualquier vida (una vida que, por lo tanto, deja de ser una vida cualquiera) con un estilo y un grado de articulación distintos según las culturas. Si el partido se extiende mediante la anexión, la Iglesia crece mediante la acogida de un misterio del que va siempre precedida («Irá delante de vosotros a Galilea» *Mt* 28, 7). Si el propagandista de partido se impone mediante la conquista, el misionero de Dios se expone mediante la contemplación: busca al Salvador que ya está presente en el exterior, en el extranjero, en el indiferente, aunque de manera oculta, y que exige también ser desvelado y conducido a *la medida de la plenitud de Cristo* (*Ef* 4, 13).

3. *Universal abstracto y universal concreto*

Por consiguiente, la universalidad católica solo puede ser una *universalidad concreta*, mientras que la universalidad ideológica es una *universalidad abstracta*. Hay quien ha denunciado «el expansionismo maníaco de los monoteísmos»[5]: decir que exis-

---

[5] Peter Sloterduk en *Le Point*, 7 de diciembre de 2006.

te "un único Dios" significaría querer reducir todo a la unidad y, por lo tanto, acabar uniformizando el mundo y clonando a los individuos. Todos los totalitarismos modernos derivarían de este principio monoteísta secularizado. Y eso es lo que ocurre en realidad con la propaganda ideológica: los valores prevalecen sobre los rostros, el Hombre abstracto sobre los hombres concretos, y con las mejores intenciones se procede a destruir en nombre tanto de la Humanidad, del Pueblo, del Bien, como de otras tantas ideas nobles capaces de aniquilar la realidad de las personas.

Volverse hacia el Dios Uno, sin embargo, es volverse hacia el autor de la abigarrada diversidad de las cosas. Es más, volverse hacia el Dios Trinidad es volverse hacia aquel que asume en sí mismo una diferenciación eterna, porque si el Hijo es una misma naturaleza con el Padre, también es una persona totalmente diferente del Padre: absoluta, infinita y eternamente diferente; y son la continuidad y la fecundidad eternas de esa diferencia en la unión las que hacen realidad la tercera Persona (absolutamente distinta a su vez de las otras dos): el Espíritu Santo.

El cristianismo no pertenece a la categoría de "monoteísmo" inventada por la ciencia de las religiones como un cajón de sastre en el que se codean Jesús, Mahoma y Akenatón, y en el que la unidad ya no es, como en la Biblia, la afirmación metafísica de la fidelidad del Eterno, sino un concepto objetivo que se puede observar con lupa o contar con un dedo: no podría caer en la monomanía y el monolitismo de los fundamentalismos religiosos, porque es esencialmente trinitario.

El Dios que nos *manda* la unidad es el que *crea* la multiplicidad. Sus órdenes no se imponen desde fuera: llevan a su plenitud el orden inicial de la creación, dan y vuelven a dar la existencia para que cada uno sea más singularmente lo que es. El Dios que con *diez palabras* ordena que le adoremos, que respetemos el Sabbath, que honremos a nuestros padres, que no matemos ni seamos adúlteros, es el Dios que con *diez palabras* ha creado el agua y la estrella, el avestruz y el hipopótamo, el ángel y la bacteria. Es aquel que quiere la diferenciación y la poesía de cada especie y, de un modo particular, de cada sexo («Varón y mujer los creó», *Gn* 1, 27), de cada individuo («Llama a sus propias ovejas por su nombre», *Jn* 10, 3) y de cada cultura, sin disolverlos en la masa («Porque fuiste inmolado y con tu sangre compraste para Dios gente de toda tribu, lengua y nación», *Ap* 5, 9).

Una vez comprendido esto, se descubre que la misión católica no puede ser un uniforme enlucido monocromático que apaga todos los colores, sino una luz que los reúne para intensificar los contrastes. El Reino se compara con «una red barredera que se echa en el mar y recoge toda clase de cosas» (*Mt* 13, 47). Es un *amasijo* y no un club selecto (basta con mirarnos para darse cuenta). No se trata de un todo en el que se difumina la parte, sino de un refugio que acoge lo singular y, especialmente, lo anormal, lo que no responde a una norma, lo que no ha hallado un sitio en ninguna selección: «Sal ahora mismo a las plazas y calles de la ciudad y trae aquí a los pobres, a los tullidos, a los ciegos y a los cojos» (*Lc* 14, 21).

4. *El enfrentamiento y la alianza*

Si en la misión católica Aquel que nos envía es también Aquel que crea y salva a aquellos a quienes nos envía, hay que reconocer que la *alianza* precede al *enfrentamiento*. Ser enviado por el Creador es tener a la creación como aliada de su misión. Puede que el mundo sea hostil, pero lo *cierto es que las piedras están de nuestra parte*:

«Os digo que si estos callan gritarán las piedras» (*Lc* 19, 40); que los árboles están de nuestra parte: «Exultarán todos los árboles del bosque» (*Sal* 96 [95], 12); que los animales están de nuestra parte: «Bendecid, aves del cielo, al Señor (...) bendecid, fieras y ganados, al Señor» (*Dn* 3, 80-81). Incluso quienes están contra nosotros están de nuestra parte en lo profundo de su ser —porque su corazón, lo quieran o no, lo sepan o no, ha sido hecho por y para Dios—, de suerte que el salmista puede cantar: «El Señor extenderá desde Sion el poder de tu cetro: "Domina en medio de tus enemigos"» (*Sal* 110 [109], 2).

Paul Claudel, en *El zapato de raso*, afirma que es esta dimensión de alianza con todos los seres lo que distingue al católico del protestante:

¿Qué han pretendido esos tristes figurones de la Reforma sino reducir intransigentemente a un mero acto de fe el proceso de la salvación que se opera entre Dios y el hombre (...) entendido como una transacción personal y clandestina entre ambos, en un mezquino gabinete? (...) La Iglesia no se defiende únicamente con sus doctores, sus santos, sus mártires, con el glorioso Ignacio o con la espada de sus hijos fieles: ¡apela al universo entero! Atacada por los bandidos en un rincón de Europa, la Iglesia católica se defiende con el universo[6].

La alianza con Dios es la alianza con el autor del universo, de suerte que el universo es en esencia el aliado del fiel: no como en el Edén, antes de la caída, donde todo pasaba por la dulzura del árbol de la vida, sino como en la Historia, tras la caída, donde todo pasa por los rigores de la cruz. A partir de ahí la alianza es dramática, la armonía queda herida por las disonancias, por las propias discordancias del pecado; pero también queda transfigurada por los inesperados arpegios del perdón. De ahí que, pese a todo, sea una alianza. San Pablo no deja de repetir: «Todas las cosas cooperan para el bien de los que aman a Dios» (*Rm* 8, 28); «Él es antes que todas las cosas y todas subsisten en él» (*Col* 1, 17). El esfuerzo de la propaganda es el esfuerzo de una fraternidad pendiente de construir. La alegría del Evangelio es la alegría de una fraternidad que ya existe y que, por lo tanto, hay que liberar, hay que vivir, hay que revelársela a uno mismo y a los que todavía no la reconocen.

---

[6] Paul Claudel, *El zapato de raso*. Segunda jornada, escena V. Madrid, Ediciones Encuentro, 2009.

Incluso el perseguidor es ya un aliado. Incluso el verdugo es ya un hermano. Esto es lo que hace de su violencia algo tan terrible y absurdo. Y es también lo que hace que su persecución no sea nunca un obstáculo, sino el lugar mismo del testimonio, de la manifestación de un amor más fuerte que el odio y más vasto que el mundo.

En el momento del beso traicionero, Jesús dirige a Judas estas últimas palabras: «Amigo, ¡haz lo que has venido a hacer!» (*Mt* 26, 50). Para dar testimonio de la gracia que sobreabunda allí donde abunda el pecado, hay que poder seguir llamando *amigo* al traidor, recordándole que es realmente un amigo en lo profundo de su alma; y que, si no es más que un traidor, se separa de lo profundo, se condena al infierno de ser únicamente una superficie errante en conflicto con su propio corazón.

5. *Más allá del optimismo y el pesimismo: la fortuna inesperada de haber nacido en nuestro tiempo*

Esta alianza más poderosa que cualquier enfrentamiento nos obliga a ver como una bendición *el hecho de haber nacido en este tiempo y no en otro.*

La adhesión a un partido que quiere transformar el mundo siempre es o nostálgica o utópica. Hay que exultar con optimismo por el progreso del mundo del mañana o instalarse en el pesimismo de la añoranza del mundo del ayer; pero lo cierto es que las cosas siempre empeoran y mejoran simultáneamente. La parábola del grano bueno y la cizaña nos enseña que todo evoluciona a la vez hacia lo peor y hacia lo mejor; y que querer extirpar todo el mal en nombre de la utopía o de la nostalgia no puede sino conducir a arrancar al mismo tiempo el grano bueno, porque sería querer abolir la libertad.

La fe en Dios conlleva la fe en la fortuna inesperada de haber nacido en este siglo y en medio de tanta perdición. Exige una *esperanza por encima de toda nostalgia y de toda utopía.* Si estamos aquí es que el Creador nos quiere aquí. Si vivimos en un tiempo de miseria, es que es un tiempo bendecido para la misericordia. Hemos de mantenernos firmes y convencernos de que no podríamos haber caído en otro mejor. No hay que confiar en el futuro ni añorar el pasado, sino derramar la presencia de Dios en todas las cosas, liberar lo eterno en lo temporal, vivir en la tierra la caridad que —aunque sea de noche— es ya la del cielo.

Esto es lo que nos lleva a estar atentos a los signos de los tiempos. El Señor que nos habla a través de las Escrituras y de la Tradición es también el Señor de la Historia: por eso nos habla también a través de los acontecimientos, aunque no del mismo modo. Los acontecimientos son palabras que hay que descifrar. Las Escrituras y la Tradición no son solo palabras que descifrar: son ante todo palabras que nos descifran a nosotros. No nos presentan tanto lecturas como claves de lectura. Los tiempos nos revelan signos y el Eterno nos propone descubrir su significado a través de su Evangelio.

II

LOS SIGNOS DE LOS TIEMPOS:
PARA UN APOSTOLADO DEL APOCALIPSIS

Tras estos breves comentarios sobre la misión en general, pasaremos a reflexionar sobre la misión concreta en nuestra época en particular. ¿Cuáles son los signos de los tiempos por los que hemos de dejarnos interpelar? ¿Cuál es el carácter propio de nuestros días que los distingue de los anteriores?

Sea para criticarlo o para elogiarlo, sea para sumergirse en el pesimismo más siniestro o para fantasear con un optimismo de lo más ingenuo, muchos pensadores afirman que estamos entrando en un cambio de era: una revolución que reviste al menos tanta importancia como la salida del Paleolítico. Esta revolución, como la del Neolítico, va ligada a una revolución técnica que ya no es la de la agricultura, sino la de la ingeniería; y esa ingeniería conlleva una drástica ruptura antropológica. Los escenarios catastróficos se multiplican. La crisis, transitoria por definición, se hace crónica. Algunos pensadores no cristianos no temen hablar de un "apocalipsis".

El indicador de este apocalipsis lo marcan todos los combates "a la contra" que libra la Iglesia. La Iglesia está en este mundo principalmente para revelar a Dios, cuando lo cierto es que su tarea se reduce cada vez más a preservar lo humano. Entraña esencialmente lo sobrenatural y se ve cada vez más llamada a defender la naturaleza. Es la presencia del Eterno y se convierte cada vez más en la garantía de lo temporal. Es el templo del Espíritu y se presenta cada vez más como la guardiana de la carne, del sexo, de la propia materia. Esta situación terrible en la que ya no hay nada que se considere *obvio* es en realidad espléndida, porque, así las cosas, *solo cabe que todo vuelva a empezar en Dios.*

Eso es lo que nos revelan de un modo aún más concreto siete u ocho signos de nuestro tiempo. No pretendo ser exhaustivo. Solo aspiro a trazar un esbozo suficiente para constatar la fisonomía particular de la misión de hoy en día; o, más bien, su novedosa radicalidad: un apostolado a la altura del apocalipsis.

1. *Fin del Progreso,*
comienzo de la Esperanza

Nuestra época es la del *fin de los progresismos.* Es curioso cómo, desde un principio, para Marx la revolución industrial no significaba un progreso, sino una ruptura: no se presentaba como una evolución de la producción agrícola y artesanal, sino más bien como la destrucción de ese modo de producción, la desaparición de las destrezas personales, la multiplicación de los obreros no cualificados a merced de los propietarios de la maquinaria Según él, había que responder a esa revolución técnica con una revolución política: una opinión compartida por sus adversarios. De este modo, el capitalismo y el comunismo se constituyeron como dos ideologías progresistas: un progresismo basado en la constatación de una ruptura; y, por lo tanto, de un no-progreso, e incluso de un retorno a las prácticas tradicionales.

Pero las grandes utopías políticas de los siglos XIX y XX han muerto: una afirmación que vale tanto para el comunismo como para el capitalismo. La caída del Muro. El hundimiento de los mercados. Ahora hemos dejado de creer tanto en el crecimiento ilimitado como en un futuro brillante. A ello contribuyen, en la teoría, el darwinismo —que nos induce a pensar que la especie humana no es más que una chapuza aleatoria perfectamente reemplazable por otra especie— y, en la práctica, la bomba atómica —que inaugura la posibilidad de una autodestrucción total—. En este sentido, Günther Anders escribía en 1960: «Ya no vivimos en una época, sino en su prórroga»[7]. Y en 1979, en su obra clave *El principio de responsabilidad*, Hans Jonas realiza esta afirmación inevitable: no hace mucho tiempo «*la presencia del hombre en el mundo* era un dato primero e incuestionable», mientras que hoy por hoy se cuestiona y ha perdido su evidencia[8].

En esta situación extrema, la misión no puede sino volver a lo esencial, a su dimensión escatológica: la de la esperanza; lo que significa la *primacía de la evangelización* por encima de toda politización y la *prevalencia de la metafísica sobre la moral*. Hay que retomarlo todo desde su fundamento. El progresismo, con sus esperanzas de sustitución, era capaz de dotar a la vida de un impulso provisional. Pero si la especie humana se halla destinada al infor-

---

[7] Günther Anders, *La menace nucléaire. Considérations radicales sur l'âge atomique,* París, Le Serpent à Plumes, 2006, p. 289.

[8] Hans Jonas, *El principio de responsabilidad. Ensayo de una ética para la civilización tecnológica,* Barcelona, Herder, 95, p. 38.

tunio y a la desaparición ¿en nombre de qué se impide abortar a una mujer? ¿Por qué no degollar al vecino si con ello se puede olvidar por un instante el absurdo de la condición humana? ¿Por qué no lanzarse sin freno a las drogas y a los placeres? Podemos repetir hasta la saciedad que se trata de actos suicidas, a lo que nos responderán con pleno derecho que, de todas maneras, la naturaleza solo engendra seres para luego aniquilarlos; y que, después de todo, el suicidio podría ser una forma de vivir conforme a la naturaleza

No obstante, Tomás de Aquino se muestra ca tegórico en este sentido: «Por el acto de esperanza se siente inducido el hombre a la observancia de los preceptos»[9]. Donde deja de existir la esperanza, la moral no se sostiene. Se trata, por lo tanto, antes que de una moral, e incluso *más allá del bien y del mal en el obrar*, de *manifestar la bondad del ser* porque ha sido creado y porque ha sido salvado. Cuando se destruyen las esperanzas mundanas, la esperanza teologal puede reabrir un futuro, pues es una esperanza que no se apoya en la perspectiva de un futuro radiante, sino que está afianzada en la fe en el Porvenir eterno, en Aquel cuyo nombre

---

[9] Santo Tomás de Aquino, *Suma teológica*, II-IIae, q. 22, art. 1.

es (según la traducción judía de Éxodo 3, 14) *Yo seré quien seré*.

2. De la globalización a la catolicidad: la ecología integral

Nuestra época hace patente una nueva vulnerabilidad: *la vulnerabilidad de la propia naturaleza*. Para la moral tradicional lo natural era algo estable, estructural, cuyos recursos se renovaban sin cesar: no había nada capaz de dañar la tierra ni de agotar los mares, y los residuos derivados de la actividad humana eran escasos y se podían eliminar La cuestión del mal se planteaba, por así decir, de hombre a hombre, y se aplicaba sobre todo en la proximidad: el buen samaritano *se acerca* al que ha sido apaleado por los ladrones, mientras que el sacerdote y el levita *pasan de largo* (*Lc* 10, 30-35). Hoy en día la cuestión del mal afecta también y cada vez más a lo no-humano, y se abre a una "colateralidad" en virtud de la cual lo lejano (tanto en el tiempo como en el espacio) parece confundirse con lo cercano: la consecuencia de las interdependencias provocadas por el exceso industrial y la mundialización económica es que lo que yo hago aquí —comerme un plátano, comprar un iPhone nuevo, llevar a mi hijo al colegio en coche, darme una ducha larga, etc.— puede tener repercusiones materiales en las antípodas. Y la importancia del incremento de los residuos es mayor que el crecimiento de las verdaderas riquezas y que la capacidad de eliminarlos.

Así pues, "¡todos al mismo barco!", porque amenaza diluvio. Y ese barco ¿es un arca o una patera? ¿Cómo hay que entender esa interdependencia en medio de la catástrofe? ¿Se trata únicamente de "globalización"? No, puesto que el problema exige un sentido de lo local, y quizá incluso un retorno a modos de vida más sencillos. ¿Se trata únicamente de encontrar "nuevas soluciones técnicas"? Tampoco, porque lo que está en juego es nuestra manera de ver el mundo tal y como se nos ha dado, y de acuerdo con un discurso que no se limita a una logística de la solución, sino que comienza por una lógica de la celebración, sin lo cual todas las soluciones se aplicarán sobre una base de arrogancia y de desprecio.

De hecho, es *como si en el peligro extremo en que nos encontramos, la catolicidad se hubiera convertido en un hecho físico*. Prueba de ello es la última encíclica del papa Francisco. Así como *Pacem in terris* se dirigía —con un título en latín eclesiástico— «a los fieles de todo el mundo y a todos los hombres de buena voluntad», *Laudato si'* se dirige abiertamente —con un título en italiano medieval— «a cada persona que habita este planeta» (n.º 3). La nueva conciencia emergente nos invita a reconocer que habitamos una «casa común» y que esa casa común implica, como cualquier otra, un Padre común.

Así pues, la *cuestión ecológica* se ha convertido en un lugar decisivo de evangelización. Al margen de su urgencia, la ecología conlleva la contemplación de un orden natural dado; y por lo tanto, y en última instancia, la elevación hacia un Creador de ese orden. Hoy en día la inmanencia reclama *visiblemente* una trascendencia a la vez fundadora y salvadora. Porque solo el reconocimiento de una trascendencia fundadora puede garantizar la naturaleza como un *orden dado*, y no solamente como un *fondo disponible*; y solo el reconocimiento de una trascendencia salvadora puede dar esperanza a una creación abocada de un modo tan patente a la destrucción total. En la Epístola a los romanos escribía san Pablo: «La creación entera gime y sufre con dolores de parto hasta el momento presente. Y no solo ella, sino que nosotros, que poseemos ya los primeros frutos del Espíritu, también gemimos en nuestro interior aguardando la adopción de hijos, la redención de nuestro cuerpo» (8, 22-23).

Esta espera de la redención del cuerpo, ovillada *en el interior* del fiel, se muestra hoy *exteriormente,* en toda la superficie de la tierra.

3. *La era de la tecnología y la exigencia de la austeridad*

De lo dicho hasta aquí se puede deducir que nuestra época *ya no es esencialmente la de la ideología, sino la de la tecnología,* y este es un aspecto fundamental. Hoy en día es raro cruzarse con un ateo militante, pero sí muy frecuente encontrarse con un fan del budismo. En el Campus de Google no hay iglesia, sino una sala zen con un profesor cuyos rasgos asiáticos pretenden garantizarte su doble competencia en *satori* y en Samsung. Y es que el budismo es ante todo una *técnica* de meditación, y nuestra era es la de la técnica.

¿Y qué ocurre con el relativismo? ¿Se puede considerar propiamente una doctrina, como en tiempos de Protágoras? El relativismo es más bien *el efecto del dispositivo mediático.* Los medios de comunicación necesitan espectáculo y *news.* Ahora bien, para que haya espectáculo, es preciso un choque de posiciones y que estas se contrapongan; y, si solamente se trata de *news,* es preciso que esa noticia no sea Buena Noticia, que su novedad no tenga ningún impacto existencial, sino que nos coloque en una situación de espectador no comprometido, indignado pero pasivo, implicado pero entretenido.

Ocurre lo mismo con las *gender theories*: es una ideología, nos dicen; pero el constructivismo de esta ideología no es más que un derivado de la tecnología contemporánea. Lo que hace que el hombre pueda presentarse como un sujeto neutro que construye su género es el hecho de que las biotecnologías reducen el cuerpo a una suma de funciones manipulables.

¿Qué significa esto para la misión? Que, después de haber predicado el fin último, es vital estar *atento a los medios*[10]. Los medios no son neutros. Podemos hacer nuestra la espléndida frase de Marshall McLuhan: «El medio es el mensaje». El medio impone su formato al mensaje. Si ese medio es el Mediador en carne y hueso (*Hb* 8, 6), el formato se metamorfosea en forma divina: el pre-

---

[10] El autor juega aquí con dos términos: *média* —en francés "medios [de comunicación]"— y *moyens* —"medios" en su acepción de «instrumentos»—. El juego de palabras se pierde en español, porque en ambos casos se utiliza el homónimo "medios" (N. de la T.).

cepto se transforma en presencia, el corpus en cuerpo, el anuncio en rostro y el mensaje en misterio Si ese medio es informático, el formato ya no es el del Siervo doliente, sino el del servidor web: todo se reduce a una información automatizada, y la presencia se transforma en descarga, el cuerpo en bits y píxeles, el rostro en "perfil" y el misterio en "mensaje". Podemos difundir el Evangelio por Twitter en fragmentos de 160 caracteres, pero sería como soltar eslóganes. Peor aún: sería como hacer del Evangelio la notificación de algo en vez del encuentro con alguien.

De ahí la urgencia de recordar que, para evangelizar, *los medios temporales pobres y sencillos* son superiores a los medios temporales complejos y sofisticados. Antes de enfrentarse a Goliat, David rechaza la armadura de Saúl. Jesús no envía a sus discípulos *equipándolos,* sino *despojándolos* de todo. Mientras que los organizadores de una excursión te facilitan amablemente la lista de cosas que te hacen falta, Él te ordena no olvidar lo que no te hace falta coger: «No llevéis bolsa ni alforja ni sandalias, y no saludéis a nadie por el camino» (*Lc* 10, 4).

El verdadero amor al prójimo no se puede aprender sino acercándose a él. La esperanza en el cara a cara con Dios solo se transmite a través del cara a cara con el otro. La fe en la Encarnación solo se verifica en una encarnación. La gracia, en definitiva, solo se manifiesta en una presencia gratuita e incluso inútil, que no aporta ninguna información: en el *codo a codo* con un amigo ni siquiera nos fijamos en él; estamos, sin más, en su compañía; y así manifestamos la dicha de estar, sin más, con el otro (cosa que un niño trisómico es capaz de hacer con mucha más facilidad que un egresado en ICADE, por ejemplo). Aunque en las redes sociales podemos iniciar un "contacto", este debe convertirse después en contacto: tiene que pasar a la dimensión del "tocar", porque todos los sacramentos conllevan esa dimensión; y ese tocar no debe tener otro fin fuera de sí mismo: debe ser simplemente un lugar de comunión.

Conviene recordarlo: medios no nos faltan; al contrario: nos hundimos bajo el peso de los medios que se interponen entre el prójimo y nosotros. Por una razón evidente: esa *interposición* nos protege de la *exposición*. Y es que existe un profundo vínculo entre el martirio y la cercanía: solo el testimonio que se ofrece en una presencia encarnada nos expone a recibir golpes Si el Verbo no se hubiera hecho carne, si hubiera enviado sus mensajes desde los cielos por correo angélico, o si su encarnación solo hubiera sido una digitalización, nadie habría sido capaz de prenderlo y conducirlo al Gólgota. Para marcar los límites materiales de las redes se nos suele recordar: «"Internet no te permite clavar un clavo". De donde el testigo deduce que Internet tampoco le permite ser crucificado.

4. *Frente al culto al sentimiento, la amplitud de la razón*

Este mundo tecnológico y utilitarista suscita una reacción que no es una respuesta: el *culto al sentimiento*. Los robots nos hacen exclamar: "¿Y dónde puñetas está la ternura?"; y le pedimos a otra máquina que retransmita un culebrón. El culto al sentimiento es una reacción contra el dominio de la manipulación, pero es también su cómplice; porque tanto en uno como en otro, en el *pathos*-centrismo como en la tecnocracia[11], es como si la medida de todas las cosas nos perteneciera: en el *pathos*-centrismo por vía del *sentimiento subjetivo*; en la tecnocracia por vía de la *manipulación objetiva*. Y así lo real es, en un caso, *lo*

---

[11] El término se emplea aquí con el significado etimológico "gobierno de la técnica", y no con el de un gobierno desprovisto de ideología y basado en la eficacia de sus medidas (N. de la T.).

que siento; y, en el otro, *lo que construyo*; pero en ambos casos, por fusión sentimental o por explotación técnico-comercial, el ser siempre queda reducido a mi bienestar y mis planes.

Es interesante observar la facilidad con que los jóvenes occidentales son capaces de pasar del dominio de un algoritmo a una explosión de afectividad inmadura. La alta tecnología fomenta la bestialidad. Si la manipulación de las herramientas exige cierta paciencia y disciplina del cuerpo, la costumbre de obtener resultados espectaculares pulsando botones inflama nuestro lado *impulsivo*. De ahí lo fácil que resulta pasar de Internet al terrorismo cuando el cambio social se lleva a cabo apretando un botón, un gatillo o un detonador.

El derrumbe de las utopías políticas y el desarrollo del dominio tecnológico se aúnan para ofrecer un terreno abonado a la escalada de los fundamentalismos: unos fundamentalismos que constituyen una versión heroico-mística del culto al sentimiento, además de ser utilitarismos religiosos que conciben el reino de Dios sobre el modelo de la dominación tecnológica, militar o mediática; y que, en definitiva, se plantean la eficacia espiritual en términos de *push-button*, de acuerdo con ese orden *pulsional* que, curiosamente, hace coincidir lo tecnocrático y lo *pathos*-céntrico: el botón y la pulsión. Frente a este fenómeno, la misión debe tener «la valentía para *abrirse a la amplitud de la razón*», por utilizar una expresión de Benedicto XVI. Esta razón amplia permite escapar del doble culto al capricho y al cálculo, o del enfrentamiento entre un racionalismo ateo y un fideísmo ciego; y, para lograr esa salida, hay que reconocer el papel auxiliar pero necesario de la filosofía y la labor conceptual pero contemplativa de la teología.

En realidad, el culto al sentimiento pretende compensar la reducción de la racionalidad a un poder de uso y de *management* totalmente desapasionado; porque la razón, en el fondo, es ante todo capacidad de comunión y de elogio. Es eucarística antes que lógica y —con más razón aún— antes que logística: solo nos dejamos interrogar por algo si antes lo hemos admirado. Platón y Aristóteles afirman que el asombro se halla en el principio de la filosofía. Y san Juan da testimonio de que el nombre del Hijo es también Logos, de suerte que la razón no es esencialmente calculadora, sino *filial*: llega a su plenitud en la conversión al Padre creador y, por lo tanto, en la conversación con sus hermanos y en una creatividad conforme con la creación. Por otra parte, el Logos, que es el Hijo, ha sufrido la "bienaventurada pasión", de manera que el *pathos* no es esencialmente irracional, sino redentor: es el hecho de ser herido por el otro, dolorosamente, amorosamente; y, por lo tanto, de reclamar una Salvación común.

5. *Frente al desmaterialismo: el Verbo se hizo carpintero*

Al hilo de lo que acabamos de poner de manifiesto, hay que reconocer que el mundo de hoy se halla menos marcado por el *materialismo* que por la *desmaterialización* (que es una *rematerialización numérica*). Quizá la actual pérdida de sentido es menos una pérdida del sentido del espíritu que una pérdida del sentido de la materia, de la materia que se presenta con una forma propia y que es necesario respetar.

A este respecto, el principal problema no radica en lo que llamamos la "razón instrumental", ya que la razón humana, a diferencia del intelecto angélico, se enfrenta al mundo material a través de las manos y de la manipulación de instrumentos: de ahí que toda razón sea instrumental. El verdadero problema concierne más bien a la naturaleza de la instrumentalidad. Existe una diferencia entre el formón del carpintero y la tableta del internauta, sobre todo en lo que atañe a la relación con el mundo y la materia que conlleva cada uno de estos instrumentos. En el primer caso, la materia se presenta —con su peso, su resistencia, sus límites físicos— como una *realidad constreñida;* mientras que en el segundo caso se ofrece para el consumo, como una *realidad disponible*[12].

En otras palabras: hemos pasado del paradigma de la cultura al paradigma de la ingeniería. La cultura, cuyo modelo es la agricultura, acompaña el florecimiento y la fructificación de un modo dado por la naturaleza. La ingeniería, por el contrario, impone sus planes a una naturaleza reducida a un *stock* de materiales y energías. Hoy el *donum* ha quedado reducido a los *data*. Se explotan bases de datos; ya no se intenta prolongar una donación generosa.

Ante esta pérdida del sentido de la materia, hay que regresar a una teología de la creación en

---

[12] Cf. Matthew B. Crawford, *Éloge du carburateur. Essai sur le sens et la valeur du travail,* París, La Découverte, 2010, y de forma destacada el capítulo "Prendre les choses en main", así como las referencias a la obra de Albert Borgmann, *Power Failure: Christianity in the Culture of Technology,* Grand Rapids (MI), Brazos, 2003.

acto y, por lo tanto, a la sabiduría del lema bene-dictino: «*Ora et labora*». Para que las personas hipnotizadas por lo virtual y por el atomismo vuelvan a abrir su espíritu, es preciso empujarlas a trabajar con las manos, a tocar un instrumento musical, a desbastar una madera, a cultivar un huerto, a descubrir que los alimentos no aparecen por arte de magia en los estantes de los supermercados, y que la hierba no crece tirando de ella. Las exigencias de lo *manual* disipan los espejismos de lo *digital*.

El Verbo se hizo carne y se hizo carpintero. No es algo anecdótico. Quiso trabajar con sus manos la madera, que es la materia por excelencia (*materia*, en latín, así como en griego *hylè*, designan la materia en general, pero se refieren en particular a la sustancia de los árboles y, por lo tanto, a una materia que se percibe antes como un dinamismo tendente a una forma que como una suma de átomos). Y, si para hablar de la vida espiritual, Cristo recurrió tan a menudo a las imágenes de los campos, de la viña, de la mostaza, no fue por casualidad. Nos encontramos con el cielo al mismo tiempo que con la tierra, porque la tierra es obra del cielo y camino hacia él.

6. *Frente al dividualismo, las comunidades pequeñas*

Hoy en día no basta con condenar un "individualismo exacerbado", porque ya no estamos instalados siquiera en el individualismo, sino en el *dividualismo*; o, mejor dicho, el primero acaba llevando al segundo: desde el momento en que el individuo pretende construirse solo, lo único que hace es desligarse de su origen social, reducirse él mismo a un conjunto de piezas sueltas.

También en este caso la familia sufre menos el ataque de la ideología que de la tecnología. Ya no nos reunimos en torno a la mesa familiar: cada uno come delante de la puerta de la nevera antes de regresar corriendo a su pantalla privada. Las familias se hallan rotas bajo su propio techo y el individuo que surge de ellas también está roto, fragmentado, dividido en las distintas ventanas abiertas de su "navegador", que le impiden todo recogimiento.

No es solo en su actividad, sino en su propio ser donde el individuo se encuentra fragmentado en una serie de elementos: ya solo se presenta como una combinación de átomos, de genes, de neuronas, que se pueden convertir en bits y volver a combinar a discreción para fabricar una humanidad 2.0. Hemos superado con creces la esclavitud y el proletariado: el minero se convierte en la mina, el esclavo se convierte en el filón. Ya no se le explota solamente como cuerpo que trabaja, sino como cuerpo trabajado, revendido en piezas sueltas o reconstruido en un robot eficaz, mejor calibrado, más competitivo, mientras los magos de la técnica le aseguran que en eso consiste su emancipación.

Para luchar contra este "dividualismo" conviene sin duda recordar lo que afirmaba Pablo VI en la *Evangelii nuntiandi*: nuestra época necesita *más testigos que maestros*. El testimonio es una manifestación de vida, y de una vida unificada, histórica, no descomponible en series de informaciones impersonales o de funciones generales. No obstante, si el individuo se deja dividir tan fácilmente es porque antes se ha separado de su historia y de su genealogía, se ha situado como un sujeto aislado, sin pertenencia, sin apellido, antes átomo que autónomo; y, por lo tanto, incapaz de resistirse a las sirenas del mercado.

Por eso el testimonio no debe ser solo individual. Debe ser el testimonio de una comunidad viva, acogedora, radiante, con un atrio abierto a la calle para atraer al transeúnte a la fiesta pascual, pero sabiendo también apartarse de la muchedumbre para ofrecerle el recogimiento de la adoración. Conviene precisar que la calidad no siempre puede compensar los excesos de la cantidad: la cuestión del tamaño de una comunidad como esta no es indiferente[13]. A partir de determinada escala, la vida cede paso a la gestión. No cabe duda de que la *megachurch* de los "evangélicos" es estimulante, pero si se quieren relaciones que no caigan en lo espectacular, en el *pathos* y el anonimato, hay que vivir de verdad con *quienes tenemos cerca*; es necesario que en esas fraternidades (que, evidentemente, se insertan en una comunidad mayor y hasta dentro de la inconmensurable comunión católica) nos podamos conocer de persona a persona, como dicen de los discípulos de Jesús los evangelios. Si no se da ese repliegue en grupos pequeños no se ilumina realmente al mundo, porque entonces el mundo ya no se considera una constelación de rostros irreductibles, sino una masa que modelar, una clientela potencial con la que hacer caja.

7. *Frente a "Dios" como "fórmula mágica"*

Del mismo modo que no basta con condenar el individualismo, no basta tampoco con "defender

---

[13] Ver Olivier Rey, *Une question de taille,* París, Stock, 2014.

a Dios". Cuando después de los atentados islamistas un obispo católico se atreve a decir que la causa del mal es que los hombres se han olvidado de Dios, su argumento nos puede parecer un poco corto. ¿Seguimos enfrentándonos principalmente al ateísmo? Es más, ¿se enfrentó principalmente Jesús a los ateos? No: se enfrentó a los que creían, a los fariseos, a los doctores de la ley, que no dejaban de esgrimir el Nombre de Dios. Y por eso nos enseña: «No todo el que me dice "Señor, Señor", entrará en el Reino de los Cielos, sino el que hace la voluntad de mi Padre, que está en los cielos»[14].

Nuestra época es más bien la de un regreso de lo divino. Pero, ¿de qué divino? El espiritualismo es perfectamente compatible con todas las manipulaciones de los seres vivos: somos espíritu, somos conciencia, el cuerpo solo es una prisión, un accesorio o una herramienta: ¿por qué no hacer de él una herramienta más eficaz? ¿Por qué no injertar o —mejor dicho— cargar nuestras "conciencias" en "soportes no biológicos"? El tecnologismo, que sitúa la voluntad humana por encima de una materia manipulable a su antojo, presenta algunas afinidades con el dualismo gnóstico. Mues-

---

[14] *Mt* 7, 21.

tra una inclinación a la exaltación del espíritu y el desprecio de la carne.

Por otra parte, la fragmentación del individuo le lleva a reaccionar volviéndose hacia Dios no como Padre, sino como Referencia[15]: hacia ese monoteísmo monolítico al que nos hemos referido antes. El islamismo nos ofrece un buen ejemplo de ello. Está claro que no hace falta saber mucha historia para recordar que el islam fue una antigua amenaza para la cristiandad. No es ninguna novedad. Sin embargo, el islamismo contemporáneo es menos un resurgimiento medieval que un fenómeno posmoderno. Está mundializado, se apoya en las capitalismos petroleros, maneja con mucha habilidad el espectáculo mediático y es aficionado a los ciberataques; y recluta fácilmente —a través de Facebook— a jóvenes que se enfrentan al vacío del laicismo y el consumismo. En definitiva, reivindica a un Dios de la *umma* como se reivindica a un Dios de la Red que desprecia la cultura, la historia, las patrias...

El apostolado católico —dada su universalidad concreta— nunca podría admitir esta especie de

---

[15] El autor hace un juego de palabras con los términos *Père* ("Padre") y *Repère* ("Referencia") que no tiene equivalente en español (N. de la T.).

apisonadora teocrática. La Iglesia es capaz de iluminar la diversidad de las ciudades humanas porque no se confunde con el Estado. Actúa por inculturación y no por exculturación, porque la gracia se sitúa por encima de las culturas y no en concurrencia con ellas, y también porque no obra sin cultura. Además, frente a la arabización, el pidgin o el lenguaje de programación universal, el apóstol de hoy en día defiende lo vernáculo. Y frente a toda forma de califato o de Estado mundial, exige a las Iglesias locales la formación de un clero indígena no por afán de exotismo, sino porque es la prueba de la generosidad del Creador: «En la casa de mi Padre hay muchas moradas» (*Jn* 14, 2).

8. *En resumen: ante la desencarnación, reencontrar la carne*

En definitiva, y por decirlo en una palabra que resume todas las otras: nuestro mundo es cada vez más el de la *desencarnación*. Nos hallamos en la época del *In vitro veritas*, sea el cristal de las pantallas o el vidrio de las probetas. El padre es reemplazado por el experto (y esto concierne también a los obispos que con demasiada frecuencia renuncian a su paternidad para asumir una postura de mero superior administrativo); la madre se ve progresivamente reemplazada por la matriz electrónica. Oiréis que a partir de ahora una pareja del mismo sexo puede tener hijos exactamente igual que la pareja formada por un hombre y una mujer. Oiréis incluso que los puede tener *mucho mejor* que un hombre y una mujer, porque el hombre y la mujer se entregan a la procreación en medio de la arriesgada oscuridad del abrazo y el embarazo, mientras que la pareja del mismo sexo es más responsable, más ética, ya que recurre con la mayor naturalidad al artificio y pide a unos ingenieros que le fabriquen un niño sin defectos, con un código genético a toda prueba, mucho más adaptado al entorno que le rodea.

Hoy más que nunca «el dragón se pone delante de la mujer, que va a dar a luz, para devorar a su hijo en cuanto nazca» (cf. *Ap* 12, 4). Lo que se gesta en nuestros laboratorios es una auténtica *anti-anunciación*. Ya no hay que acoger el misterio de la vida en la noche de sus entrañas, sino reproducirla con transparencia en un tubo de ensayo. El hombre viejo se esfuerza por manufacturar un hombre nuevo que invertirá todas las fórmulas del Credo: ese hombre nuevo *nacerá del siglo antes de todos los padres será creado, no engendrado por obra de los ingenieros, se desencarnará de una madre y se hará ciborg.*

De ahí que hoy en día la misión más espiritual sea volver a descubrir la carne, desarrollar —como decía Juan Pablo II— una verdadera «teología del sexo» y, sobre todo, una teología de la mujer y de la maternidad. Es precisamente la maternidad la que sufre el ataque más directo, porque lo femenino, con la capacidad que le es propia y que consiste en llevar a otro en su seno y asumir los dolores del alumbramiento, es la figura principal del apostolado en tiempos de apocalipsis (*Mt* 24, 8; *Mc* 13, 8; *Rm* 8, 22; *Ap* 12, 2).

No obstante, si el dragón ataca con tanta facilidad a la mujer es únicamente porque el hombre no está ahí para protegerla. Por eso esa teología de la maternidad debe ir acompañada de una teología de la paternidad y de la virilidad, pues el fundamento de la virilidad es la paternidad (y no la musculatura). El hombre esposo y padre se convierte en el defensor de su mujer y de sus hijos: podrá ofrecer su mejilla izquierda, pero no la de los suyos. Por eso tiene el deber de alzarse en armas en su legítima defensa, o bien de «tomar al niño y a su madre, y huir a Egipto» (cf. *Mt* 2, 13), cosa que requiere no menos coraje. Así pues, la segunda figura del apostolado apocalíptico es la del combatiente: «Y se entabló un gran combate en el cielo: Miguel y sus ángeles lucharon contra el dragón» (*Ap* 12, 7). Habría mucho que decir sobre el afeminamiento de los cristianos (que, a su vez, sirve para abonar también el terreno al machismo musulmán); la falsa compasión del que tiene el estómago sensible y duro el corazón; las falsas llamadas al diálogo del que queda excluida la verdad pero está lleno de mundanidad. Podríamos contentarnos con la consideración de que la tesis que hemos sostenido en estas páginas, si no está apoyada por una afirmación viril dispuesta al combate, dispuesta a morir por sus hermanos, no será más que el equivalente católico de los "consejos psicológicos" y demás "trucos y astucias" de nuestras revistas favoritas.

Se comprende así la intuición de Grignion de Montfort de que «los apóstoles de los últimos tiempos» serán los devotos de la Virgen (aquella que con su *fiat* ofrece su cuerpo a un misterio que la supera), esposa a la que no cabe sino unir a san José (aquel que no teme proteger a su mujer y a su hijos recorriendo a la inversa el camino del Éxodo, regresando a Egipto, el país de la idolatría). Y esa devoción tiene que extenderse en realidad a toda la Sagrada Familia (con razón la fomentaron de un modo especial los sacerdotes presos en los campos hitlerianos). No cabe duda de que ahí está la vida diaria más ordinaria, pero también la cuna del «gran misterio» (*Ef* 5, 32): el de la Encarnación.

* * *

En resumen, estamos llamados a cosas muy sencillas: acomodaos —dice san Pablo— «a las cosas humildes» (*Rm* 12, 16). Eso es, ni más ni menos, lo que he pretendido decir aquí. No obstante, si es cierto que la simplicidad constituye el primero de los atributos divinos, también es lo más difícil que existe. Y esa es la dificultad de nuestros días. *Los apóstoles ya no deben limitarse a hacer milagros, sino que deben recordar las evidencias primeras:* que la mujer es mujer y el hombre es hombre; que el matrimonio es entre un hombre y una mujer; que los hijos nacen de un padre y de una madre; que las vacas no son carnívoras; que lo natural no es una construcción convencional; que el ser no es la nada. Recordar estas evidencias es más complicado que la ciencia e incluso que el propio milagro. Porque la evidencia primera, al contrario que el milagro, no es espectacular, ni puede demostrarse como las conclusiones de una ciencia. Y uno se encuentra explicando, de un modo algo ridículo —más aún estando en medio del incendio y del diluvio—, que el fuego quema o que el agua moja.

En el evangelio de este domingo, Cristo nos advierte: «Al que no tiene, incluso lo que tiene se le quitará» (*Mt* 25, 29). Quien rechaza la gracia acaba perdiendo la naturaleza. Quien ignora al Creador acaba olvidando a la criatura. Quien desprecia lo invisible ni siquiera sabe ver lo que ve: se pone a buscar en otro sitio, deja de creer que lo que se le concede ver, incluso a ras de tierra, se le concede generosamente para poder elevarse. Y resulta que, en la era de los mayores prodigios, hay que ser místico para reconocer lo que salta a la vista.

Al final de uno de sus libros, Chesterton describía este combate misionero:

Se encenderán hogueras para atestiguar que dos más dos son cuatro. Se desenvainarán espadas para probar que en verano las hojas son verdes. Acabaremos defendiendo, no solo las increíbles virtudes y corduras de la vida humana, sino algo aún más increíble, este enorme e imposible universo que nos mira a la cara. Lucharemos por prodigios visibles como si fuesen invisibles. Miraremos la imposible hierba y los cielos con un extraño valor. Seremos de aquellos que han visto y sin embargo han creído[16].

---

[16] G. K. Chesterton, *Herejes,* Barcelona, Acantilado, 2007.

Esto es lo que se nos pide hoy. Porque, ¿qué es al fin y al cabo el cristianismo? Contemplar los lirios del campo (*Mt* 6, 28), comer del trabajo de las propias manos, cantar un cántico viejo y nuevo, con la esposa como una viña fecunda, con los hijos como brotes de olivo en torno a la mesa (*Sal* 128 [127], 2-4); permanecer unidos en la doctrina del amor, perseverar en la comunión fraterna, en la fracción del pan y en las oraciones (*Hch* 2, 42). Cosas muy sencillas, pero que exigen para protegerlas la sangre de los mártires.

ESTE LIBRO, PUBLICADO POR
EDICIONES RIALP, S.A.,
MANUEL URIBE 13-15, 28033 MADRID,
SE TERMINÓ DE IMPRIMIR EN
ANZOS, S. L., FUENLABRADA (MADRID),
EL DÍA 28 DE NOVIEMBRE DE 2023.